Willkommen im

Zirkus Kunterbunt!

Was für ein Spaß, wenn der Zirkus kommt! Fröhliche Gesichter erwarten ein spannendes Programm und die Zirkuskünstler präsentieren bunte Auftritte: Die Pferdenummer ist immer beliebt und der Chinese jongliert mit seinen Tellern. Die lustige Musikkapelle gibt ihr Bestes und die Seiltänzer führen Kunststücke vor. Die Löwennummer sorgt für Spannung und Nervenkitzel, der kleine Bär fährt auf dem Einrad, die Elefanten geben eine beeindruckende Vorstellung, die Clowns treiben Schabernack und, und, und...
Manege frei für viele weitere Artisten im Zirkus Kunterbunt!

Viel Spaß beim Nacharbeiten wünscht Ihnen Ihre

Anja Rittershoff

Hurra, wir gehen in den Zirkus!

(Beschreibung auf Seite 8)

Motivgröße

ca. 46 cm x 33 cm

Material

- Tonkarton in A3: hellgrün
- Tonkarton in A4: dunkelorange, haut
- Tonkarton in A5: pink, hellblau, türkis, gelb, orange
- Tonkartonreste: weiß, rot, flieder, rosa
- Satinband, 3 mm breit: gelb, ca. 23 cm lang, rosa, ca. 30 cm lang, orange, ca. 5 cm lang
- Filzstift: schwarz, hellblau
- Buntstift: orange
- Lackstift: weiß
- Holzperlen: 1 Tropfen, pink, ca. 2 cm lang, 2 Würfel, flieder, Seitenlänge ca. 1 cm
- Motivlocher: großes Herz

Vorlagenbogen 1A

Hurra, wir gehen in den Zirkus!

(Abbildung auch auf Seite 6/7)

Kleben Sie zuerst die linke Hand, den Kopf und den rechten Arm hinter das Kleid des Mädchens. Nun wird das Haarteil auf den Kopf und der Zopf hinter den Kopf geklebt. Gestalten Sie das Gesicht und kleben Sie die Trompete sowie die Hand an. Übertragen Sie die restliche Bemalung, kleben Sie das vordere Bein auf den Saum und das zweite Bein hinter das Kleid. Dann können Sie die Schuhe anbringen.
Die Körper der beiden Tiere kleben Sie hinter den Wagen, dann bringen Sie die Köpfe an. Fügen Sie den Wagen zusammen und bemalen Sie ihn. Zum Schluss bringen Sie die Satinbänder und die Perlen an und kleben die ausgestanzten Herzen auf. Hurra, jetzt können wir losgehen!

Tellerzauber

Kleben Sie die Hände, den Kopf und die Hose hinter das Kleid. Jetzt fügen Sie die Schuhe an. Den Filz kleben Sie mit Klebestift auf Tonkarton und schneiden dann die Haare aus. Haare und Hut werden anschließend auf den Kopf geklebt. Übertragen Sie die Bemalung, kleben Sie in jede Hand einen Zahnstocher und ergänzen Sie die Teller. Nun verzieren Sie das Kleid mit dem goldenen Kragen und den Sonnen.
Jetzt heißt es aufpassen!

Tipp
Die Sonnen können Sie auch mit einem Goldstift aufmalen.

Motivgröße
ca. 20 cm x 30 cm

Material
- Tonkarton in A4: rot
- Tonkarton in A5: haut, gold, schwarz, weiß
- Filzrest: schwarz
- Filzstift: schwarz, rot
- Buntstift: orange
- Metallsonnen: 3 x ø ca. 2 cm, 4 x ø ca. 1 cm
- 2 Zahnstocher
- Klebestift

Vorlagenbogen 2A

Motivgröße
ca. 41 cm x 39 cm

Material
- Tonkarton in A3: hellblau, rot
- Tonkarton in A4: weiß, haut, lila, gelb
- Tonkarton in A5: dunkelorange, hellgrün, mittelgrün, dunkelblau
- Tonkartonreste: braun, schwarz, rosa
- Wollfaden: weiß, ca. 65 cm lang
- Filzstift: schwarz, hellblau, rot, gelb, blau
- Buntstift: orange
- Lackstift: weiß
- Bürolocher
- Kleine Trockenblume

Vorlagenbogen 1B

Lustige Seiltänzer

Die beiden zusammengefügten Pfosten kleben Sie auf die Grundfläche. An den Seilenden binden Sie aus Wolle je eine Schleife und kleben diese auf die Pfosten. Den kleinen Igel setzen Sie zusammen und bemalen ihn. Kleben Sie den kleinen Ball auf seinen Rücken und bringen Sie dann den Igel auf dem großen, mit bunten, ausgelochten Punkten geschmückten Ball an. Fügen Sie die Schildkrötenkörper zusammen und bemalen Sie sie. Der Hut wird mit der kleinen Blume geschmückt. Beide Tiere arrangieren Sie auf der Grundfläche.

Kleben Sie den Kopf des Clownmädchens hinter das Kleid. Die Jacke, das Bein sowie der Schuh werden ebenfalls von hinten angeklebt. Bringen Sie dann die Balancestange, die Hände und den Ball an. Jetzt werden die Haare mit Krone und Schleifen befestigt. Dann übertragen Sie die Bemalung.
Die Jacke des Clowns kleben Sie hinter die Hose, dann fügen Sie den bemalten Kopf mit Hut und Haaren hinter dem Körper an. Die Hände kleben Sie hinter die Jacke und den Schirm in die linke Hand. Die Schuhe werden hinter die Hosenbeine geklebt und die bemalten Flicken angebracht.
Übertragen Sie die restliche Bemalung und schon kann die Vorstellung beginnen.

Motivgröße

ca. 20 cm x 33 cm

Material

- Tonkarton in A4: dunkelbraun, blau, gelb
- Tonkarton in A5: hellbraun, rot
- Tonkartonreste: grün, weiß
- Filzstift: schwarz, hellblau
- Buntstift: orange
- Lackstift: weiß

Vorlagenbogen 2A

Witziger Affenjongleur

Kleben Sie Hände, Füße und Gesicht auf den Körper, das Ohr wird von hinten ergänzt. Nun gestalten Sie das Gesicht des Affen und setzen ihm einen Hut auf. Kleben Sie die Hose und darüber die Jacke auf. Dann können Sie die Krawatte und den Schwanz anbringen. Zum Schluss wird die Wippe zusammengesetzt und der Affe darauf geklebt. Arrangieren Sie die Bälle über dem Kopf des Affen.
Jetzt kann der Jongleur sein Kunststück zeigen.

Motivgröße

ca. 42 cm x 27 cm

Material

- Tonkarton in A3: schwarz, weiß
- Tonkarton in A4: lila
- Tonkarton in A5: haut, pink, dunkelrosa
- Tonkartonreste: rosa, gelb
- Fun-Liner: weiß, lila, rosa
- Filzstift: schwarz, hellblau, rot
- Buntstift: orange, weiß, rosa
- Satinband, 3 mm breit: rosa und lila, je ca. 18 cm lang

Vorlagenbogen 2A und 2B

Prima, Ballerina!

Beide Pferde werden auf die gleiche Art hergestellt: Kleben Sie die Mähne auf den Kopf, bringen Sie den Schweif und die Hufe an. Dann legen Sie das Zaumzeug an und kleben

die Trense auf. Zum Schluss kleben Sie den Kopfschmuck hinter den Kopf und fixieren die Decke.
Hinter den Kopf der Ballerina kleben Sie die Haare, dann ergänzen Sie die Krone und das vordere Haarteil. Gestalten Sie das Gesicht und setzen Sie den Kopf auf den Körper. Kleben Sie das Kleid und die Schuhe an. Die Krone, das Kleid und den Pferdekopfschmuck verzieren Sie mit Fun-Liner Punkten. Übertragen Sie dann die restliche Bemalung. Die weißen Linien malen Sie mit Buntstift auf. Jetzt kann die Show beginnen!

Lustige Seifenblasenclowns

Beschreibung auf Seite 18

Motivgröße

ca. 45 cm x 32 cm

Material

- Tonkarton in A3: rot, blau, gelb
- Tonkarton in A4: weiß, hellgrün, haut, beige
- Tonkartonrest: lila
- Filzstift: schwarz, hellblau, rot
- Buntstift: orange
- Lackstift: weiß
- Satinband, 3 mm breit: rot und gelb, je ca. 15 cm lang
- Zahnstocher

Vorlagenbogen 2B und 3A

Lustige Seifenblasen-clowns

Abbildung auf Seite 16/17

Kleben Sie für den Clown die Jacke auf die Hose und fügen Sie die Schuhe an. Die Jacke wird mit Knöpfen und Kragen verziert. Hinter die Ärmel kleben Sie die Arme, dann kleben Sie die Haare des Clowns hinter den Kopf und platzieren den Kopf auf dem Kragen. In die Hände kleben Sie die Utensilien. Dann übertragen Sie die Bemalung. Kleben Sie die Haare des Clownmädchens auf den Kopf und ergänzen Sie den Hut mit Bommel. Dann gestalten Sie das Gesicht. Kleben Sie den Kopf auf das Kleid und ergänzen Sie den Arm mit Hand. Hinter die Hand wird der Zahnstocher geklebt. Die Schuhe fixieren Sie am Kleid. Binden Sie die Schleifen um die Zöpfe und kleben Sie die bunten Punkte auf. Jetzt kann der Spaß beginnen!

Bärenpyramide

Gestalten Sie alle Bärengesichter. Der obere Bär erhält eine Schleife und einen Hut, die hinter den Kopf geklebt werden. Die Hosen bzw. die Beine befestigen Sie hinter den Pullovern und kleben die Schuhe hinter die Hosenbeine. Dann kleben Sie das Herz auf den Pullover und bringen das Schwänzchen an. Platzieren Sie die Bären so, dass sie eine Pyramide ergeben und kleben Sie alle Hände an. Dabei fügen Sie das Saxophon und den Schellenkranz ein. Die ausgestanzten Punkte, Herzen und Sterne dekorieren Sie um das Motiv herum. Vorsicht, jetzt nicht wackeln!

Motivgröße

ca. 20 cm x 29 cm

Material

- Tonkarton in A4: gelb, hellbraun, hellgrün, hellblau
- Tonkarton in A5: weiß, rot
- Tonkartonrest: orange
- Filzstift: schwarz, hellblau, rot
- Buntstift: orange
- Lackstift: weiß
- Motivlocher: kleiner Stern, kleines und großes Herz
- Bürolocher

Vorlagenbogen 4A

Bunte Zirkuswelt

Beschreibung auf Seite 22/23

Bunte Zirkuswelt

Abbildung auf Seite 20/21

Das Zirkuszelt hat einen echten Sandboden. Hierfür bestreichen Sie die weiße Tonkartonfläche mit Klebestift und streuen den Sand darüber. Gut trocknen lassen!
In der Zwischenzeit fertigen Sie das restliche Zelt. Beachten Sie, dass die Streifen richtig liegen!
Nun kleben Sie das Zeltdach und den dunkelblauen Zeltrand mit den ausgestanzten Sternen auf. Ergänzen Sie den weißen Türvorhang und die rote Dachborte. Das beschriftete Schild kleben Sie auf und schmücken die Kuppel. Die beiden Fahnen befestigen Sie an Zahnstochern und kleben diese hinter die Zeltspitzen. Jetzt wird der Zeltboden hinter den Türeingang geklebt und der hellblaue Hintergrund ergänzt.
Für den Clown mit Trompete kleben Sie das Hemd auf die Hose und ergänzen den Gürtel. Darauf befestigen Sie den Mantel mit Kragen, den Ärmel und den Mantelgürtel mit Knopf. Kleben Sie den Schuh hinter das Hosenbein. Jetzt wird der Kopf gestaltet und auf den Kragen geklebt. Die Trompete schieben Sie in die Hand und befestigen sie am Mund.
Der Geigenclown erhält zuerst sein Gesicht. Kleben Sie den Mund, dann die Nase, die Augen, die Haare und den Hut mit Krempe auf. Nun wird der Hals hinter das Kleid geklebt. Befestigen Sie die Saite am Bogen, bemalen Sie die Geige und arrangieren Sie das Instrument mit den Clown-

Motivgröße

Zelt: ca. 27 cm x 26 cm
Clowns: ca. 12 cm x 17 cm

Material

- Tonkarton in A3: rot, rot-weiß gesteift, gelb, dunkelblau, weiß
- Tonkarton in A4: hellgrün, mittelgrün, haut
- Tonkarton in A5: braun, schwarz, hellblau, sand
- Tonkartonreste: lila, grau, hellbraun, orange
- Filzstift: schwarz, hellblau, rot
- Buntstift: orange
- Lackstift: weiß
- Wollfaden: weiß, ca. 60 cm lang
- 2 Zahnstocher
- Satinband, 3 mm breit: grün, ca. 10 cm lang
- 1 Mini-Wackelauge, ø 5 mm
- Knopf, ca. ø 1 cm: transparent
- Motivlocher: kleiner Stern
- Bürolocher, Geodreieck
- Feiner Vogelsand
- Klebestift

Vorlagenbogen 2B und 3B

händen auf der Figur. Jetzt werden die Knöpfe, der Flicken und die Schuhe ergänzt sowie die restliche Bemalung übertragen. Der Hund erhält ein Ohr und einen Hut. Kleben Sie die Nase und das Wackelauge an. Dann ergänzen Sie die Satinschleife am Schwanz und malen alle Linien ein. Dem Jungen kleben Sie die Haare auf den Kopf und malen ihm ein fröhliches Gesicht. Die Hose wird mit Herzen und Flicken verziert und auf die Jacke geklebt. Dann wird der Kragen ergänzt und der Kopf aufgeklebt. Befestigen Sie die Hände, Beine und Schuhe und malen Sie die restlichen Linien ein.

An die Luftballons knoten Sie einen Faden und malen die Lichtpunkte.

Die Wagen werden identisch gearbeitet. Zeichnen Sie zuerst die Linien mithilfe eines Geodreiecks ein. Jetzt fügen Sie die gelben Verzierungen an und ergänzen die ausgestanzten Sterne und Punkte. Die Reifen, die Fenster und den Schornstein befestigen Sie zum Schluss. Schneiden Sie noch die Wiesenstücke aus.

Hereinspaziert, Hereinspaziert, die Zirkusshow beginnt!

Die Elefantennummer

Zuerst wird die große Plattform mit Klebestift bestrichen und mit gesiebtem Sand bestreut. Gut trocknen lassen.

Die Elefantendame erhält ihren Kopfschmuck und die Decke. Dann ergänzen Sie das Ohr. Kleben Sie die Zehen auf die Füße und die Beine hinter den Körper. Jetzt fügen Sie den Bommel und die Federn an.

Motivgröße

ca. 43 cm x 32 cm

Material

- Tonkarton, 50 cm x 70 cm: weiß, grau
- Tonkarton in A4: dunkelblau, grün, rot
- Tonkarton in A5: blau- weiß gestreift, gelb, haut
- Tonkartonreste: hellblau, orange, schwarz
- Filzstift: schwarz, hellblau, rot
- Buntstift: orange, weiß
- Fun-Liner: orange, gelb, rot
- Motivlocher: kleiner und großer Stern

Vorlagenbogen 1A, 3A

Dem Elefantenherr werden die Ohren hinter den Kopf geklebt. Fixieren Sie den Kopfschmuck. Dann platzieren Sie die Decke und kleben den Kopf auf den Körper. Gestalten Sie das Gesicht mit Augen, dann malen Sie den Mund auf und fügen Rüssel, Stoßzahn und Wange an. Die Zehen werden aufgeklebt und die restliche Bemalung übertragen.
Setzen Sie die Podeste zusammen und kleben Sie die Elefanten darauf. Der kleine Elefant wird zusammengesetzt und bemalt, dann platzieren Sie ihn vor dem Podest. Setzen Sie den Dompteur zusammen. Die Figuren werden nun auf die Sandplattform geklebt.

Jetzt können die Dickhäuter ihr Programm zeigen!

Hui, hier wird gezaubert!

Motivgröße

ca. 24 cm x 25 cm

Material

- Tonkarton in A3: schwarz
- Tonkarton in A4: lila, weiß, rot
- Tonkarton in A5: grau, gelb, haut
- Tonkartonreste: hellgrün, braun
- Filzstift: schwarz, hellblau, rot, orange
- Buntstift: orange

Vorlagenbogen 4A

Kleben Sie die Streifen auf die Hose und fixieren Sie hinter der Hose die Schuhe. Dann kleben Sie die Jackenteile mit dem weißen Kragen an die Hose. Platzieren Sie dahinter das Hemd. Nun erhält der Zauberer die Jackenknöpfe, die Schleife und die Ärmelränder. Die Hände platzieren Sie und kleben in die linke Hand den Gehstock. Der Hut wird mit Krempe und Innenfutter ausgestattet. Den Daumen der rechten Hand schneiden Sie ein und kleben den Hut in die Hand. Die Haare werden auf den Kopf geklebt, dann wird das Gesicht gestaltet. Kleben Sie ihn auf die Schleife und fügen Sie den Umhang an.
Setzen Sie die Tauben und den Hasen zusammen und dekorieren Sie den Zaubertisch.
Jetzt fliegen die Zaubertauben!

Motivgröße

ca. 43 cm x 32 cm

Material

- Tonkarton in A3: haut, hellgrün
- Tonkarton in A4: mittelgrün, hellblau, gelb, schwarz, hellbraun
- Tonkarton in A5: rot, orange, rosa, grau, weiß, lila, beige
- Tonkartonrest: flieder
- Filzstift: schwarz, hellblau, gelb, grün
- Buntstift: orange
- Lackstift: weiß
- Wollfaden: weiß, ca. 15 cm lang

Vorlagenbogen 4B

Zirkuspolonaise

Beschreibung auf Seite 30/31

Die Schildkröte erhält ihren Panzer, Schuhe und einen Hut. Kleben Sie die Nase auf und gestalten Sie ein niedliches Gesicht. Kleben Sie den Bauch auf den Maulwurfkörper, bringen Sie die Hände an, setzen Sie ihm den Hut mit Bommel auf und gestalten Sie das Gesicht. Nun kleben Sie den hinteren Schuh hinter den Körper, beim vorderen Schuh kleben Sie die Kappe auf den Körper.
Für die Fledermaus kleben Sie den Hut hinter das Ohr und fügen das zweite Ohr an. Dann gestalten Sie das Gesicht und platzieren den Kopf auf dem Körper. Das Innenohr und den Bauch befestigen Sie anschließend. Die Flügel werden von hinten ergänzt und die bemalten Beine angebracht.
Zuerst kleben Sie den Bauch auf den Eulenkörper. Nun erhält sie ihre gepunktete Hose und Schuhe. Das Gesicht gestalten Sie und kleben es samt Hut auf den Kopf. Übertragen Sie die restliche Bemalung, dann arrangieren Sie die Tiere zu einer Polonaise und kleben sie auf die Wiese. Die Trompete und die Maske legen Sie noch dazu. Jetzt kann der Tanz beginnen!

Fridolin, der Zirkusclown

Motivgröße

ca. 21 cm x 25 cm

Material

- Tonkarton in A5: weiß, gelb, hellgrün, rot, orange, haut, rosa
- Tonkartonreste: dunkelblau, dunkellila, hellblau
- Filzstift: schwarz, hellblau, rot
- Buntstift: orange
- Lackstift: weiß
- 1 Mini-Wackelauge, ø 5 mm
- Bürolocher
- Motivlocher: großes Herz

Vorlagenbogen 4A

Kleben Sie den Pullover hinter die Hose und verzieren Sie diese mit Streifen und Saum. Fügen Sie die Hosenträger und Herzen an und kleben Sie die gelochten Punkte auf den Pullover. Jetzt werden die Hände und Beine von hinten angebracht. Die Schuhe setzen Sie zusammen und bringen diese genauso wie die Trompete an. Kleben Sie den Kragen auf den Pullover und fixieren Sie den gestalteten Kopf mit Hut und Haaren. Zum Schluss gestalten Sie das Gesicht und übertragen die restliche Bemalung.
Der Schmetterling wird mit den Streifen verziert und erhält ein Wackelauge und eine Nase. Den Hut bemalen Sie mit Punkten und kleben ihn mit zwei Flügeln hinter den Körper.

Die große Löwennummer

Abbildung auf Seite 1

Für die Mähne und den Schwanz kleben Sie den Filz mit Klebestift auf dunkelbraunen Tonkarton. Jetzt übertragen Sie das Motivteil seitenverkehrt auf die Rückseite und schneiden die Teile aus. Der Löwe erhält nun Mähne, Schwanz und sein gestaltetes Gesicht. Platzieren Sie ihn auf dem Podest.
Kleben Sie den Clown zusammen und befestigen Sie ihn auf dem Löwenrücken. Nun fertigen Sie die Maus an. Übertragen Sie die restliche Bemalung.
Der Hintergrund wird mit Stoff hinterlegt und mit einer Schleife aus Satinband und Sternen, die mit Abstandsband fixiert werden, dekoriert.
Nun kleben Sie die Figuren vor die Kulisse.

Achtung, jetzt beginnt die gefährliche Löwennummer!

Motivgröße

ca. 43 cm x 32 cm

Material

- Tonkarton in A3: gelb
- Tonkarton in A4: rot, braun
- Tonkarton in A5: haut, grün, hellblau, rot, weiß, grau, rot, dunkelbraun
- Tonkartonreste: lila, flieder, pink
- Filz: dunkelbraun, ca. 15 cm x 15 cm
- Satinband, 5 mm breit: rot, ca. 15 cm lang
- Glitzer-Stoff: gold, 22,5 cm x 17,5 cm
- Filzstift: schwarz, hellblau
- Buntstift: orange
- Lackstift: weiß
- Bleistift
- Klebestift
- Abstandsband
- Mini-Wackelauge, ø 5 mm
- Motivlocher: großes Herz, kleiner Stern
- Bürolocher

Vorlagenbogen 3B